家庭科2でも
家族のよろこぶ顔が見たいから

縫わずにつくる
季節の
リボン飾り

一般社団法人M-StyleLuxe
山口路子

CONTENTS

≫

Part 1

Part 2

Part 3

Part 4

Part 5

はじめに

幼いころからものづくりが大好きでした。
不器用なわたしは、簡単にかわいいものをつくり、
それを使うことが何よりうれしく、楽しかったのです。
大人になり、ママになってからも
「子どもにかわいいリボンをつけてあげたい」
「このもちものをもっとかわいくしたい」という思いから、
かわいいリボン雑貨がいかに簡単につくれるかを考えて、
さまざまなリボン雑貨を考案しました。
不器用だけど子どものために、自分のために、
ときにはおそろいで、何か手づくりしてあげたい、というママの心に
この本が寄り添えたらこのうえなく幸せです。

Part1

手づくりリボンの
基本

まずは、縫わずにつくるリボンの
基本となる形をご紹介します。
最小限の道具と素材で、簡単なステップで
完成度の高い仕上がりをかなえます。

[基本のリボン01]

シングルリボン

手づくりリボンの基礎が詰まったシングルリボンを
つくれるようになれば、さまざまなアレンジも楽しめます！
左右対称になるよう、
ていねいに確認しながらつくってみましょう。

【仕上がりサイズ】
大サイズ：幅約 8.5cm ／小サイズ：幅約 5.5cm

Basic
01

基本のシングルリボンのつくり方

道具
- □ はさみ
- □ 両面テープ
- □ リボン用糸

材料
〈大サイズ〉
- □ 50mm 幅のグログランリボン
  長さ 18cm を 1 本(A)
- □ 9mm 幅のリボン
  長さ 5cm を 1 本(B)

〈小サイズ〉
- □ 38mm 幅のグログランリボン
  長さ 12cm を 1 本(A)
- □ 9mm 幅のグログランリボン
  長さ 4cm を 1 本(B)

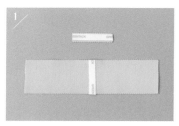

リボンに両面テープを貼る

写真のように本体用の A の中心と、センター用の B の全体に両面テープを貼る。

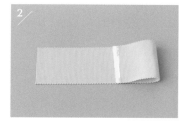

本体用リボンを折りたたむ

A は右端を中心に合わせて折りたたみ、両面テープの右半分に貼る。

両端を中心で突き合わせる

2 と同じ要領で反対側も折り、両端を中心で突き合わせる形で両面テープに貼る。

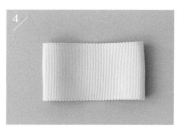

中心線が見えない面を表にする

3 をひっくり返し、突き合わせてできた中心の線がない面を表としてリボンをつくっていく。

本体リボンの中心は山 2 個の蛇腹折り

本体リボンの中心を山折り→谷折り→山折りにして、写真のように表に山を 2 個つくる。

リボン用糸を巻いて折り目を固定

リボン用糸を 5 の中心に数回巻きつける。糸はほつれてこないのでカットするだけで OK。

センターリボンを中心に巻く

B の両面テープの剥離紙をはがし、6 の中心に裏から 1 周巻いて貼る。長さが余ったらカットする。

Finish

[基本のリボン02]

ダブルリボン

シングルリボンを2つ重ね合わせると
できるのが、ダブルリボン。
この重ね技も、さまざまな手づくり
リボンのアレンジに使われます。

【仕上がりサイズ】
大サイズ：幅約 8.5cm ／ 小サイズ：幅約 8.5cm

Basic
02

基本のダブルリボンのつくり方

道具

☐ はさみ
☐ 両面テープ
☐ リボン用糸

材料

〈大サイズ〉

☐ 50mm 幅のグログランリボン
　長さ 14cm を 1本(A)、18cm を 1本(B)

☐ 9mm 幅のグログランリボン
　長さ 5cm を 2本(C) ※ 2本を重ねて使用

〈小サイズ〉

☐ 38mm 幅のグログランリボン
　長さ 14cm を 1本(A)、18cm を 1本(B)

☐ 9mm 幅のグログランリボン
　長さ 5cm を 1本(C)

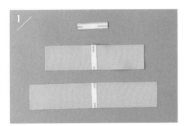

1 リボンに両面テープを貼る

本体用のAとBそれぞれの中心と、センター用のCの全体に両面テープを貼る。

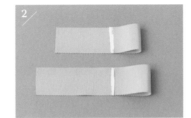

2 本体用リボンを折りたたむ

AとBは、それぞれ右端を中心に合わせて折り、両面テープの右半分に貼りつける。

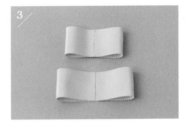

3 両端を中心で突き合わせる

2と同じ要領で反対側も折り、両端を中心で突き合わせた状態で両面テープに貼る。

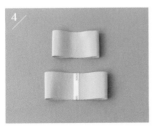

4 土台のリボンに両面テープを貼る

AとBを表に返し、横幅が長いほうのBの中心に両面テープを貼る。

5 本体リボンを重ねて貼り合わせる

中心が合うように確認しながら、Bの上にAを重ねて貼り合わせる。

5mm

重ねるときに、写真のように下側を約5mmずらすと、より動きが出る仕上がりになる。

6 本体リボンの中心は山2個の蛇腹折り

2でつくった本体の中心を、山折り→谷折り→山折りにし、表に山を2個つくる。

7 リボン用糸を巻いて折り目を固定

リボン用糸を6の中心に数回巻きつける。糸はほつれてこないのでカットするだけでOK。

8 センターリボンを中心に巻く

Cの両面テープの剥離紙をはがし、7の中心に裏から1周巻いて貼る。長さが余ったらカットする。

Finish

Tools

リボンづくりに必要な道具

リボンづくりを始めるにあたってそろえておきたい主な道具がこちら。
手芸店のほか、100円ショップなどの生活雑貨のお店でも入手できます。

布用はさみ

ふつうのはさみを使っても問題ありませんが、布用の裁ちばさみのほうがきれいにリボンを切ることができます。

リボン用糸

リボンの中心をしぼってとめる糸。この本では伸縮性があるロックミシン用糸を指します。一般的な手芸店で購入可能。

布用両面テープ

工作用の両面テープでもOKですが、布用のほうが強度が高くなります。5〜10mm幅のものが使いやすいです。

定規

リボンをカットする際に必要な長さを測ったり、制作途中でリボンの中心を確認するのに使用します。

グルーガン

棒状のグルーと、それを熱でとかして接着する銃形ツール。ホームセンターや100円ショップで購入可能。

ほつれ止め

 or

ライター

リボンを切ったら端にほつれ止めをする。化繊リボンには、ライターが便利（右ページ参照）。

接着液

布地を裁断したあとの裁ち目に塗る、液状のほつれ止め。天然繊維のリボンにはこちらを使用。

Material

知っていると選びやすい主なリボン素材の特徴

この本の中でも多数使われている、手づくりリボンにおすすめの
リボン素材をご紹介。つくりたいイメージに合わせて選んでみてください。

グログラン

横うねが特徴。素材にもよりますが、
厚みがあるのでしっかりハリのある
リボンの形をつくりやすいです。

サテン

つるっとした光沢のある表面と、や
わらかい素材感が特徴。高級感の
あるリボンに仕上がります。

マットサテン

サテンと同様になめらかな表面とや
わらかさのある素材。光沢を抑えた
マット質感が、フォーマルな印象。

オーガンジー

薄くて透け感があるオーガンジー。
リボンを形づくったときにもふんわり
感があり、華やか。

ベロア

表面が起毛した、秋冬に合うあた
たかみを感じさせる素材。独特の
光沢感もあり、リュクスな雰囲気。

リネン

亜麻を原料とした天然繊維の素材。
カラッとした質感とナチュラルな風
合いで、カジュアルな仕上がりに。

Point

きれいなリボンをつくるポイント

手づくりしたリボンを、長くすてきに使ってもらうために
リボンを扱うときに、覚えておきたい細かなテクニックを解説します。

ライターの火をスライドさせる

化繊は高温で繊維がとけ、冷えると固まる。
この性質を生かし、ライターの火をリボン
の端にサッとすべらせてあぶり、化繊リボ
ンのほつれ止めをおこなう。

両面テープ+グルーガンで強力に固定

両面テープ上からグルーで接着すると、使
用中にリボンがくずれにくくなる。これは、
リボンづくりの最後の工程にあたるセンタ
ーリボンの巻き終わりのみでOK。

リボン用糸は引っぱりながら巻く

長繊維をふわふわにして伸びるよう加工さ
れたリボン用糸。引っぱりながら巻いたあ
とに手を離すと、糸同士で繊維が絡み合
い、結ばなくてもほどけなくなる。

おすすめのリボン SHOP

リボン素材のバリエーションが豊富なうえ、オンラインでの購入が可能なショップをご紹介。

01

M-StyleLuxe
ONLINE SHOP

https://mstyleluxe.shop-pro.jp

ハンドメイドリボン協会 一般社団法人 M-StyleLuxe が運営するオンラインショップ。厳選された、おしゃれなリボンが手に入ります。リボン素材以外に、リボンを飾るためのプレーンで使い勝手のいいバッグなども販売。

02

Zaniah

https://sunfashion.theshop.jp

国産リボンを中心に、色やリボンの幅のバリエーションを広く展開。プロ向けの高品質なリボンを、初心者でも手軽に買うことができるサイトです。長年、服飾の副資材を扱ってきたサンファッションが運営。

03

ユザワヤ
公式ネットショップ

https://www.yuzawaya.shop

日本全国に実店舗を持つ、手芸・ホビー材料の専門店の商品がネットでも買える。リボン素材だけでなく、リボン用糸（ロックミシンの糸）やグルーガンなどの必要な道具を一緒に手に入れることができる。

04

オカダヤ
オンラインショップ

https://www.okadaya.co.jp/shop/c/c10/

関東に複数店舗を構える老舗の手芸店。豊富なリボン素材や道具がそろうほか、オンラインショップ上のブログでは、各店から手づくりアイテムやそのつくり方も紹介されていて、リボンの新しいアイデアにも出合える。

リボングッズに使えるアイテムは 100 円ショップで手に入る

手づくりしたリボンパーツをとりつけられる、バレッタなどのシンプルなヘアアクセは、手芸店以外に 100円ショップなどでも簡単に手に入ります。コストを抑えながら手づくりを楽しみたい人はチェックを。

Part2

素材やサイズで変わる
リボンのバリエーション

基本のリボンのつくり方を大きく変えなくても
いろんなテイストのリボンをつくることが可能。
素材の特徴やサイズによる見え方の違いを
生かした、アレンジの幅をご紹介します。

Variation 01

オケージョン対応のきちんと感

ネイビーリボン

基本のリボンをダークネイビーでつくると、
それだけで上品な雰囲気が漂います。中心を折る山はつくらず、
フラットなままにしてかっちり感を出すのもおすすめ。

POINT
...
適度な厚みやハリ感の
ある素材を使う

おすすめ素材	グログラン			
材料の目安サイズ	ⓐ 本体用 38mm 幅のリボン　長さ 12cm を 1 本		センター用 9mm 幅のリボン　長さ 5cm を 1 本	
	ⓑ 本体用 25mm 幅のリボン　長さ 14cm を 1 本		センター用 15mm 幅のリボン　長さ 6cm を 2 本	
仕上がりサイズ	ⓐ 幅約 5.8cm、ⓑ 幅約 7cm			
つくり方	基本のシングルリボン（P7）、基本のダブルリボン（P9）+基本のリボンのアレンジテク 1（P20）			

Variation 02

ぷっくり感が愛らしい
ミニリボン

シングルリボンとまったく同じつくり方でも
横幅が小さくなると、丸みを帯びてよりかわいらしい印象に。
いろんなものを飾るパーツに使いやすいサイズです。

POINT
…
中心を折るときは
つめの先で押さえる

おすすめ素材	グログラン、ベロア
材料の目安サイズ	本体用 25mm 幅のリボン 長さ 9cm を 1 本 センター用 9mm 幅のリボン 長さ 4cm を 1 本
仕上がりサイズ	幅約 4.5cm
つくり方	基本のシングルリボン（P7）

Variation 03

特別感のある華やかさ

つやめきリボン

エレガントな光沢感のあるサテンリボンを使い、
ダブルリボンなどの重なりをつけたデザインで華やかに。
記念日のお出かけや発表会などのシーンに最適です。

POINT
…
同素材の細いリボンが
なければセンターは
二つ折りにする

おすすめ素材	サテン
材料の目安サイズ	ⓐ 50mm 幅のリボン　本体用 長さ20cmを1本、24cmを1本　センター用 長さ7cmを1本
仕上がりサイズ	ⓐ 幅約 12cm
つくり方	基本のシングルリボン（P7）、基本のダブルリボン（P9）+基本のリボンのアレンジテク1、2、6（P20）

Variation 04

TPOを選ばずふだん使いしやすい
クラシックリボン

落ち着いたトーンに、マットな質感のリボン素材。
それを、中心を折らないフラット形にすることで、
大人も使えるシンプルできれいなリボンに。

ⓐ

ⓑ

POINT
…
リボンを平らにして
大人っぽくする

おすすめ素材	マットサテン
材料の目安サイズ	ⓐ 15mm 幅のリボン 本体用 長さ 18cm を 2 本 センター用 長さ 5cm を 1 本
	ⓑ 25mm 幅のリボン 本体用 長さ 18cm を 2 本 センター用 長さ 7.5cm を 2 本
仕上がりサイズ	ⓐ 幅約 9cm、 ⓑ 幅約 9cm
つくり方	基本のダブルリボン（P9）＋基本のリボンのアレンジテク 1、2、4、5（P20）

Variation 05

季節の移り変わりも楽しめる

四季のリボン

薄くて軽いものや重厚感のあるものなど、
素材の特徴を生かせば基本のリボンで四季のムードを楽しめます。

Spring

ふんわりしたオーガンジーなどの素材を使うと、
春風のようなやわらかい雰囲気のリボンに仕上がります。

おすすめ素材：オーガンジー、シフォン

材料の目安サイズ（♥リボン）：
50mm 幅のリボン
本体用 長さ 30cm を 2 本
センター用 長さ 6cm を 1 本

仕上がりサイズ：幅約 14cm

つくり方：
基本のダブルリボン（P9）
＋基本のリボンのアレンジテク 3（P20）

POINT
...
薄い素材はつぶさず
ふわっと折りたたむ

POINT
...
天然素材はしっかり
折り目をつける

Summer

生地の織りによる凹凸のニュアンスがある天然素材の
リボンなら、夏らしい清涼感を楽しめます。

おすすめ素材：リネン、コットン

材料の目安サイズ（♥リボン）：
30mm 幅のリボン
本体用 長さ 12cm、16cm の 2 本
センター用 長さ 4cm を 1 本

仕上がりサイズ：幅約 8cm

つくり方：
基本のダブルリボン（P9）

Autumn

秋のクラシカルな装いに合わせるなら、
しっとりしたぬくもりのあるスエード調を選んで。

おすすめ素材：スエード

材料の目安サイズ（♥リボン）：
25mm 幅のリボン
本体用 長さ 14cm、18cm の 2 本
センター用 長さ 6cm を 1 本

仕上がりサイズ：幅約 9cm

つくり方：
基本のダブルリボン（P9）
＋基本のリボンのアレンジテク1（P20）

POINT
…
スエード素材だと
断面がほつれにくい

Winter

あたたかみを感じる起毛感に加え、適度な光沢がある
ベロアなら、イベント気分が盛り上がる冬にぴったり。

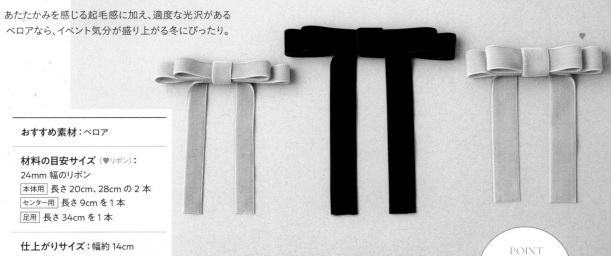

おすすめ素材：ベロア

材料の目安サイズ（♥リボン）：
24mm 幅のリボン
本体用 長さ 20cm、28cm の 2 本
センター用 長さ 9cm を 1 本
足用 長さ 34cm を 1 本

仕上がりサイズ：幅約 14cm

つくり方：
基本のダブルリボン（P9）＋
基本のリボンのアレンジテク 1、7（P20）

POINT
…
細かい折りが難しい
厚手素材は
フラットに

基本のリボンの
アレンジテク

✨

基本のシングル・ダブルリボンの
つくり方を基準に、ほんのひと手間プラス
するだけで、表情がガラリと変わる
アレンジ方法をご紹介。

Arrange 1
[フラット] リボン本体を平らなままにする

中央をしぼった ちょう形ではなく、まっすぐなままにするだけできちんと感のある表情に。

HOW TO
基本のリボンでの本体の中央を折る工程を飛ばし、そのままセンターリボンを巻く。

Arrange 2
[クロス] ダブルリボンをななめに重ねる

2個の本体リボンをななめにクロスさせるように重ねると、フラットなちょう形になる。

HOW TO
基本のダブルリボンで本体2個を平行に重ねるところを、×印のようにして貼り合わせる。

Arrange 3
[トリプル] ダブルリボンの要領で3段重ね

HOW TO

オーガンジーなどの薄い素材で、本体リボンを3つ重ねてよりふんわり感を出す。

中心で突き合わせた本体リボンを長さ違いで3つ用意し、5mmずつずらして貼り3段重ねに。

3段重ねにした分、縦幅が広くなったので、中心は山が3個の蛇腹折りにする。

Arrange 4
[バイカラー] 2色のリボンを貼り合わせる

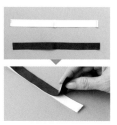

裏表で色の異なるリボンを手づくりし、基本のリボンのおしゃれ度をアップさせる。

HOW TO
幅の同じリボンを2色用意する。片方のリボンの両端と中央に両面テープを貼る。そこにもう1色のリボンを貼りつける。

Arrange 5
[ダブルセンター] センターリボンを重ねる

センターリボン2本をずらして重ねて1本にすると、さりげないニュアンスが足せる。

HOW TO
細リボンの右側に両面テープを貼り、端を数mmずらして二つ折り。この2本を貼り合わせ、4段重ねのセンターリボンにする。

Arrange 6
[クロスセンター] センターリボンを交差させる

センターリボンを巻く際に表側で交差させる。本体がフラットの場合に可能なアレンジです。

HOW TO
本体の裏側にセンターリボンの端をななめに角度をつけて貼る。表側に返してななめ下に渡す。再度裏側に回して垂直上に持っていき、表側でクロス。

Arrange 7
[ストリーマー] リボンからたれる足をつける

ちょう結びのようなたれる足をとりつけると、動きのあるかわいいリボンに仕上がる。

HOW TO
本体リボン裏側の中心に、リボン1本を貼りつける。本体と足を一緒にして、センターリボンを巻く。

Part3

日々の生活を彩る
リボンの雑貨アレンジ

日常生活に欠かせないアイテムが、
手づくりリボンによって愛着がわくものに♡
家族みんながうれしくなる、自宅や学校で
使う雑貨のアレンジ方法をお届けします。

Daily necessities 01

リボンとタオルのコーディネートも楽しい
タオルホルダー

幼稚園などで必要となるループつきタオル。
タオルとリボンの色や柄を、子どもの好きな組み合わせに
してあげられます。クリップ式なので、
タオルの交換も簡単です。

Comment

幼稚園で使うループつきタオ
ルをかわいくしてあげたいと思
い制作。自分でタオルをつけ
かえるのも楽しんでくれるよう
に。小学校に上がってからも、
家で使っています。

リボン考案講師：草野裕子

22

【仕上がりサイズ】リボン部分 幅約 10cm

< 準備した材料 >

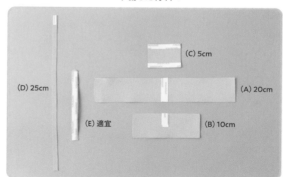

(D) 25cm
(C) 5cm
(A) 20cm
(E) 適宜
(B) 10cm

道具

- □ はさみ
- □ 両面テープ
- □ リボン用糸
- □ グルーガン

材料

- □ 36 〜 40mm 幅のグログランリボン
  長さ20cmを1本(A)、10cmを1本(B)、5cmを1本(C)
- □ 9 〜 10mm 幅のグログランリボン
  長さ25cmを1本(D)
- □ クリップ1個、クリップに巻きつけるリボン 適宜(E)

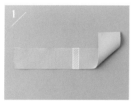

1　Aのリボンの中心に両面テープを貼る（材料写真参照）。両面テープの剝離紙をはがしたのち、リボンの右端を三角に折り上げる。

2　右端を折り上げたときに表になっている面が、中央の両面テープにつくように折り返す。そのまま右端を中央の両面テープの半分に重なるように貼る。

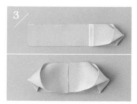

3　右側の折り目が、きれいな三角になるように整える。左側も同様に工程1〜2の要領で折り、左端を中央の両面テープに貼り合わせる。

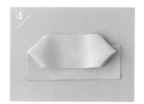

4　Bは中央の上半分にだけ両面テープを貼る（材料写真参照）。その上に工程3のリボンを裏返しにのせて貼りつける。このとき全体の高さが約5cmになるようにする。

5　写真のように中心を蛇腹折りにする。上のリボンで山2個、下で山1個に。リボン用糸で中心を数回巻く。

6　Dのリボンの片端に両面テープを貼る（材料写真参照）。両端を貼り合わせループをつくる。

7　工程5のリボン上に6のループをのせた状態で、リボン用糸を中心に巻きつけてリボンにループを固定する。

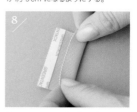

8　Cでセンターリボンをつくる。Cの上下に両面テープを貼り（材料写真参照）、三つ折りにして貼り合わせる。

9　工程8でつくったセンターリボンの裏面（重なりがないほう）に両面テープを貼る。

10　7の中央に9をぐるっと巻いて貼る。このとき巻き始めと終わりがリボン本体の裏面にくるように気をつける。

11　クリップに両面テープを貼り、Eを貼りつける。クリップはそのままでもいいが、リボンを貼ることで完成度が高まる。

12　クリップにグルーガンでグルーを塗り、裏面のセンターリボン上に貼りつける。軽く押しつけるように貼るとしっかりつく。

(Daily necessities 02)

簡単におよばれ仕様にドレスアップ

ソックス

ミニリボンを飾るだけで
無地のソックスもたちまちかわいく！
1回のためだけにおめかし用の
ソックスを探しまわるより、
お手軽に服装やシーンに合った
ものに仕上げられます。

【仕上がりサイズ】
リボン部分
幅約 4.5cm

道具

☐ はさみ
☐ 両面テープ
☐ リボン用糸
☐ グルーガン

材料

☐ 25mm 幅のリボン
　長さ 9cm を1本(A)
☐ 9mm 幅のリボン
　長さ 4cm を1本(B)
☐ ソックス

リボン1個分、
素材はお好みでOK

P7の要領でシングルリボンをつくる。リボ
ン裏面にグルーガンでグルーを塗る。中央
だけでなく、貼りつけたときにソックスに接
する部分にもつける。

グルーをつけたらすぐに、リボンをソックス
に貼りつける。洗濯して繰り返し使用する
場合は、リボンの中央だけでも数針だけ縫
うと強度が上がる。

Daily necessities 03

ゼロからつくらなくてもかわいくできる

スクールグッズ

体操服入れやペンケースなどの通園通学グッズ。
それをゼロから手づくりするのは大変でも、
リボンだけなら簡単♪　アップリケのような
フラットリボンでスクール風味に。

道具

☐ はさみ　　　☐ グルーガン
☐ 両面テープ

材料

〈小サイズ〉

☐ フェルト（2mm 厚）、合皮シール　各 5 × 5cm
　（下の材料写真2枚目のサイズのリボンの形にフェルトと
　合皮シールを切っておく）
☐ 50mm 幅のリボン　長さ 6cm を 1 本（A）
☐ 9〜10mm 幅のリボン　長さ 4cm を 1 本（B）
（上記はリボン1個分、素材は好みで OK）

〈大サイズ〉

☐ フェルト（2mm 厚）、合皮シール　各 7.5 × 7.5cm
　（下の材料写真2枚目のサイズのリボンの形にフェルトと
　合皮シールを切っておく）
☐ 7.5 × 8.5cm にカットした生地（A）
☐ 9〜10mm 幅のリボン　長さ 5cm を 2 本（B）
（上記はリボン1個分、素材はお好みで OK）

☐ 市販のペンケースや体操服入れ

【仕上がりサイズ】
リボン部分
幅約 4cm（小サイズ）
／約 6.5cm（大サイズ）

リボン考案講師：船橋芳佳

＜ 準備した材料 ＞

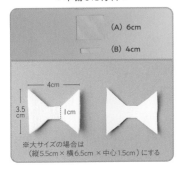

(A) 6cm
(B) 4cm

4cm
3.5cm
1cm

※大サイズの場合は
（縦5.5cm×横6.5cm×中心1.5cm）にする

1

フェルトと A を両面テープで
貼り合わせる。さらにフェル
トを囲うように両面テープを
リボン側に貼り、フェルトよ
り 7mm ほど縁が出るように
A をカットする。

2

リボンの中心に上下とも切り
込みを入れる。上下→左右
の順で、リボンの縁を折って
フェルトに貼りつける。

3

4つの角がきれいになるよう
にはみ出たリボンはカットし、
角はほつれ止めをする。合
皮シールを貼りつけて裏面を
きれいに仕上げる。

4

B に両面テープを貼り、3 の
中心に巻きつける。合皮シー
ルを貼った裏側にセンター
リボンの巻き始めと巻き終わ
りがくるようにする。

5

リボンの裏側にグルーガンで
グルーを塗り、ペンケースや
体操服入れなどに貼りつけ
る。

Daily necessities 04

ケース本体から縫わずにつくれる！

ウエットティッシュ
ケース＆ふた

家の中でも、外出先でも手放せないウエットティッシュ。
毎日使うものだから、ママも子どももうれしくなる
かわいいケースを好きな布とリボンでつくれます。

【仕上がりサイズ】
ケース（大）
縦13×横22cm

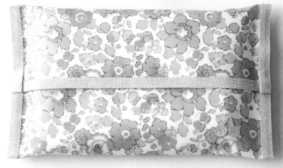

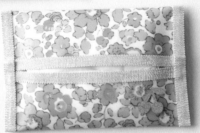

＜準備した材料（ウエットティッシュケース）＞

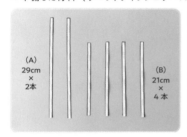
(A) 29cm × 2本
(B) 21cm × 4本

横 21cm
縦 28cm

縦 9×横 25mm

道具
☐ はさみ
☐ 両面テープ
☐ グルーガン

材料
〈ウエットティッシュケース〉
☐ 布　縦 28×横 21cm
☐ 9mm 幅のグログランリボン
　　長さ 29cm を 2 本(A)、21cm を 4 本(B)
☐ 面ファスナー　縦 9×横 25mm

〈ティッシュケース〉
☐ 布　縦 19×横 14cm
☐ 9mm 幅のグログランリボン
　　長さ 21cm を 2 本(A)、14cm を 4 本(B)

布の短辺に両面テープを貼ったB（材料写真参照）が幅半分のぞくように貼る。反対側からもう 1 本の B で布を挟みパイピングを施す。逆サイドの短辺も同様にもう 2 本の B を貼りつける。

写真のように布の長辺下半分に、長さ 14cm の両面テープを貼る。両サイドとも同じ長さの両面テープを貼る。

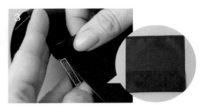

両面テープを貼った布の下半分を折って貼り合わせる。折ったときに短辺の端を、両面テープの端よりパイピングの幅だけ出す。

ティッシュケースなら

折ったときにパイピングを施した上下の端が、布のちょうどまん中でそろうようにする。

布の上半分の両サイドにも両面テープを貼り、工程 3 と同様に貼り合わせる。このとき上下のパイピング部分が重なる。その次に、A を布のサイドに貼る。工程 1 と同様に布から A が半分はみ出すようにする。

A をぐるりと 1 周して貼り合わせ、ケースの両サイドにパイピングを施す。A の巻き終わりは、B のパイピングと位置を合わせて先端を少し折りたたむ。折った先端部分だけ両面テープを足して貼りつける。

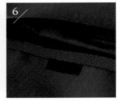

ケースの開閉部分となる B のパイピングの重なり部分に、面ファスナーを貼る。もともとシールタイプでない場合は、面ファスナーに両面テープを貼ってとりつける。

最後に好みでミニリボン(P15 参照)を、グルーガンで接着する。

＜準備した材料＞

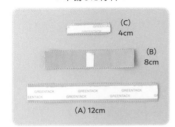
(C) 4cm
(B) 8cm
(A) 12cm

5mm

市販のウエットティッシュ用ふたの、開閉部分の横幅より左右とも 5mm 程度はみ出る長さに A をカット。材料写真のように ABC にそれぞれ両面テープを貼る。

ふたの内側に巻き込むように A の端を貼り、ふたの表面にリボンを横断させるように貼りつける。

B と C でフラットなシングルリボンをつくる（P7 と P20 参照）。それを 2 で貼ったリボンの中心に両面テープで貼りつける。

道具
☐ はさみ　☐ グルーガン
☐ 両面テープ

材料
☐ 15 ～ 20mm 幅のグログランリボン
　長さ 12cm を 1 本(A)、8cm を 1 本(B)
☐ 9mm 幅のグログランリボン
　長さ 4cm を 1 本(C)
☐ 市販のウエットティッシュ用ふた

Daily necessities 05

無難な市販品も大人かわいく

スマホストラップ
＆パスケース

子どもとの外出時に手があくようにするための
便利アイテムも、リボンをつけるだけで
おしゃれ小物に進化します！

【仕上がりサイズ】
リボン部分
幅約 8cm（大サイズ）
／約 6.5cm（小サイズ）

リボン考案講師：村上奈津子

< 準備した材料（大サイズ） >

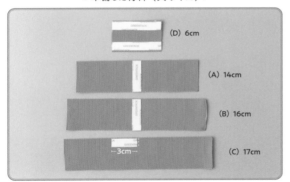

(D) 6cm

(A) 14cm

(B) 16cm

―3cm―

(C) 17cm

道具

□ はさみ
□ 両面テープ
□ リボン用糸
□ グルーガン

材料

〈大サイズ〉
□ 36 〜 40mm 幅のグログランリボン
　　長さ 14cm を 1本（A）、16cm を 1本（B）、
　　長さ 17cm を 1本（C）、6cm を 1本（D）

□ 市販のスマホ
　ストラップや
　パスケース

〈小サイズ〉
□ 25mm 幅のグログランリボン
　　長さ 11cm×1本（A）、13cm を 1本（B）、14cm を 1本（C）
□ 9mm 幅のグログランリボン　長さ 4cm を 1本（D）

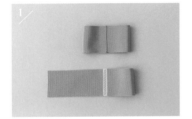

1 材料写真のように A 〜 D まで両面テープを貼る。A と B は、それぞれ両端を中心で突き合わせになるように折り、両面テープに貼る。

2 1 で突き合わせてできた中心の線を隠すように A と B それぞれの中心に縦に両面テープを貼る。

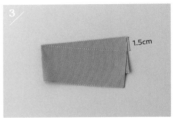

3 C は両面テープの剥離紙をはがしておく。左上の角が、右上の角から 1.5cm の位置にくるように合わせて半分に折る。

1.5cm

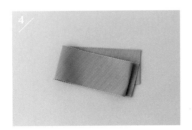

4 2 で貼った B の中心の両面テープの剥離紙をはがす。3 で折った C と左上の角をそろえ、C 表側の右下がりの角度に合わせて B を重ねる。

5 2 でつくった A の両面テープの剥離紙をはがしておく。4 のリボンと左上の角をそろえて、いちばん下のリボンに沿わせて水平に重ねて貼る。

6 5 の状態でいちばん上にあるリボンの中心で 2 つ山ができるように折り、余った下側を谷折りにした状態でリボン糸を巻いて固定する。

7 D を三つ折りにしてセンターリボンをつくる。小サイズの場合は D を折らずに使用。写真右のように裏側の両端に両面テープを貼る。

8 本体リボンの裏側が巻き始めと巻き終わりになるように、7 のセンターリボンを中心に巻いて貼る。

9 できあがったリボンの裏側に、写真のようにグルーガンを使って、スマホストラップやパスケースに接着する。

お花みたいなふわふわが愛らしい

ベビーカーフック

荷物掛けとしての利便性に加えて、
手づくりリボンをつけることで、ママ友たちとの
大勢の集まりでも、自分のベビーカーを
探しやすくなるというメリットもあり！

Comment

ベビーカーや車のヘッドレストに
とりつけ、荷物掛けとして毎日
使用しています。2歳の娘は興
味津々でリボンにさわります。小
学生の姉には、ヘアゴムにした
らよろこんで使ってくれました。

リボン考案講師：石川澄子

【仕上がりサイズ】リボン部分 幅約 8cm

< 準備した材料 >

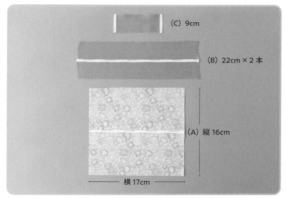

(C) 9cm

(B) 22cm×2 本

(A) 縦 16cm

横 17cm

道具

- □ はさみ
- □ 両面テープ
- □ リボン用糸
- □ グルーガン

材料

- □ リバティ柄生地　16×17cm(A)
- □ 33mm 幅のシフォンリボン
　長さ 22cm を 2 本(B)　9cm を 1 本(C)
- □ 市販のベビーカーフック

材料写真のように A は中央に両面テープを貼る。A は両端を中央の両面テープの位置で突き合わせるように折って貼りつける。

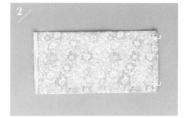

1 の短辺の表と裏に 5mm 幅の両面テープを貼る。1 で突き合わせた中心線が見える面のほうに、両面テープの剥離紙をはがした両端を、テープの幅を基準に 2 回折り上げる。

工程 2 で折り上げた幅を目安に、A を端から山折り→谷折りを交互に繰り返し、端から端まで蛇腹折りにしていく。

蛇腹にした A の中心をリボン用糸でぐるぐる巻いて固定する。左右を軽く開いて、リボンの形を整える。

材料写真のように B 2 本の端をそろえて両面テープで貼る。両面テープの剥離紙をはがし、工程 3 & 4 と同じ要領で蛇腹折りにし、リボン用糸を巻く。

蛇腹リボンにした A と B を重ねて、中心をリボン用糸で巻いて合体させる。

C は上の材料写真のように両端に両面テープを貼る。剥離紙をはがし、縦長三つ折りのセンターリボンをつくる。それを 6 の中心に 2 周巻き、巻き終わりを両面テープでとめる。

リボンの裏側にグルーガンでグルーを塗り、ベビーカーフックに貼りつける。

(Daily necessities 07)

リボン2本分の広がりが華やか

スリッパ

既製品のシンプルなスリッパを、自宅の雰囲気に合わせて
飾りつけると毎日が楽しくなるはず。
家族用と来客用でリボンを色分けするなどアレンジも効く。

Comment

来客用のスリッパに特別感を出
したくて作成。小学2年生の子
どもが気に入り、来客のたびに
スリッパを準備してくれるように
♡ 「ママがつくったんだよ」と
自慢げに紹介してくれます。

リボン考案講師：堀内加世子

< 準備した材料（小サイズ） >

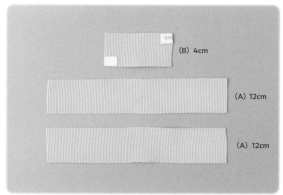

(B) 4cm

(A) 12cm

(A) 12cm

【仕上がりサイズ】
リボン部分 幅約 5.5cm（小サイズ）／
約 9cm（大サイズ）

道具

☐ はさみ
☐ 両面テープ
☐ リボン用糸
☐ グルーガン

材料

〈小サイズ〉
☐ 25mm 幅のリボン
　　長さ 12cm を 2 本(A)、4cm を 1 本(B)

〈大サイズ〉
☐ 38mm 幅のリボン
　　長さ 20cm を 2 本(A)、6cm を 1 本(B)

☐ 市販のスリッパ

1

写真のように A 2 本を並べる。2 本をまたい
で中央に、リボン 1 本の幅と同じ長さの両
面テープを貼る。

2

両面テープの剥離紙をはがして、2 本の A
それぞれ両端を中心で突き合わせるように折
り、両面テープ部分に貼りつける。

3

長さ 3cm に切った両面テープを 2 本用意す
る。それを写真のように、上と下に分けてリ
ボンの中心に貼る。

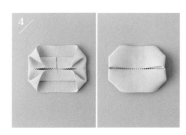

4

3 の両面テープの剥離紙をはがし、リボンを
上下から中心に向かって折り、写真左のよう
に貼る。ひっくり返した写真右が表面になる。

5

2 本のリボンの境目を谷折りにし、その上下
に 1 個ずつ谷折りができるように、リボンの
中心を谷 3 個の蛇腹に折る。

6

5 の中心の折りがくずれないように、リボン
用糸を中心に巻きつけて固定する。

7

材料写真のように B の対角端に両面テープ
を貼る。反対面も互い違いで角に両面テープ
を貼る。両端を三つ折りにし貼り合わせる。

8

7 のセンターリボンを 6 で巻いたリボン用糸
を隠すように巻きつける。裏面にくる巻き始
めと巻き終わりに両面テープを貼って固定。

9

できあがったリボンの裏側にグルーガンでグル
ーを塗り、スリッパに貼りつける。

子どもと一緒につくれる
ちょう結びリボン

1本のリボンをシュシュやヘアゴムに直接ちょう結びするだけ。
両面テープやグルーガン不要だから、小さい子どもと一緒に手づくりが楽しめます。

リボンを人さし指にひっかけて輪をつくる。

下にたれている長いほうのリボンを輪っかの根元に1周巻きつける。

2で巻きつけてできた中心の輪の中にリボンを通す。

左右の輪っかを引っぱり、リボンの大きさや結び目のきつさを調整。

Part4

季節のイベントを
楽しむリボン

学校行事や習い事の発表会など、
1年を通してたくさんある子どものイベント。
そのときに、オリジナルのリボン飾りがあると、
より楽しめて、思い出深い日になるはず。

ピクニックの 水筒チャーム　*for Picnic*

学校の遠足や友だちとのピクニックなど、
人が多い場面で必要な目印も、
子どもたちの好きな色柄でつくってあげられる！
チャームの裏面に名前シールを貼るのもおすすめ。

リボン考案講師：柴田多恵子

Comment

小学3年の息子も使えるものを
と思いつくったチャーム。それ
をマネして小学5年の娘も自作
したほど簡単です。家族で色
違いを水筒につけ、お出かけを
楽しんでいます。

< 準備した材料 >

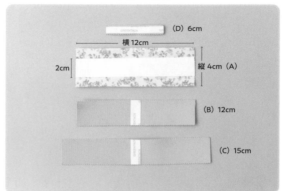

(D) 6cm

横 12cm

縦 4cm（A）
2cm

(B) 12cm

(C) 15cm

ナスカン（3cm 幅）

【仕上がりサイズ】リボン部分　幅約 7cm

道具

- □ はさみ
- □ 両面テープ
- □ グルーガン

材料

- □ 花柄の生地　縦 4×横 12cm（A）
- □ 25mm 幅のグログランリボン　長さ 12cm を 1 本（B）、15cm を 1 本（C）
- □ 9mm 幅のグログランリボン　長さ 6cm を 1 本（D）
- □ ナスカン（下部が 3cm 幅のもの）

Aの中心に 2cm 幅の両面テープを貼る（材料写真参照）。Aの上下を突き合わせるように折って貼り、その上に両面テープを貼る。

BとCは材料写真のように中心に両面テープを貼る。Bの両面テープを貼ってないほうの面に、工程 1 でつくったAを貼りつける。

Bの中心の両面テープの剥離紙をはがし、両端を中心で突き合わせるように折って貼る。その上から両面テープを貼る（写真下参照）。

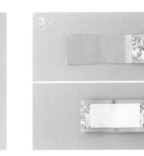

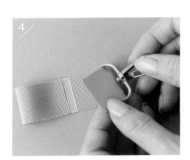

Cも 3 と同様に中心で突き合わせて貼るが、片側だけはリボンをナスカンに通してから、中心の両面テープに貼る。

工程 3 のリボン裏の両面テープの剥離紙をはがし、4 の上に重ねる。2 つのリボンそれぞれの中心にある突き合わせ線の位置をそろえて貼る。

Dに貼った両面テープの剥離紙をはがし、5 のリボンの中心に巻く。巻き始めと巻き終わりはグルーガンで接着し、強度を高める。

SPRING

SUMMER | AUTUMN | WINTER

卒入園式 の

セレモニーグッズ

子どものハレの日に、おめでとうの気持ち
を込めた手づくりリボングッズを。
セレモニー用の服に合わせたトーンの
リボンを選んでつくれるので、
コーディネートもばっちり!

for Ceremony

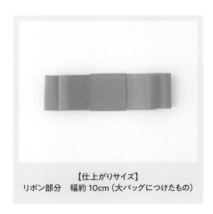

【仕上がりサイズ】
リボン部分　幅約 10cm（大バッグにつけたもの）

< 準備した材料（大バッグ用）>

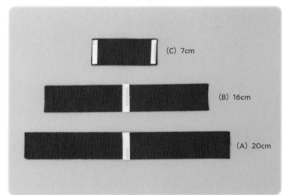

(C) 7cm
(B) 16cm
(A) 20cm

道具

- □ はさみ
- □ 両面テープ
- □ グルーガン

材料

〈大バッグ用〉
□ 25mm 幅のネイビーグログランリボン　長さ 20cm を 1 本(A)、16cm を 1 本(B)、7cm を 1 本(C)

〈小バッグ用〉
□ 9mm 幅のネイビーグログランリボン　長さ 8cm を 1 本(A)、3cm を 1 本(C)

〈バレッタ用〉
□ 9mm 幅のネイビーグログランリボン　長さ 16cm を 1 本(A)、14cm を 1 本(B)、3cm を 2 本(C)

フラットなダブルリボンをつくる。材料写真のように A と B に両面テープを貼る。それぞれ両端を中心で突き合わせるように折って貼ったら、B の中心に両面テープを貼る。

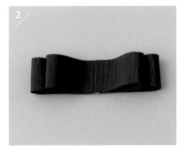

A と B それぞれ工程 I で突き合わせた位置を基準にし、中心をそろえた状態で A の上に B を重ねて貼る。

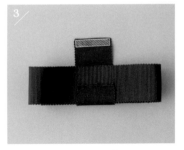

材料写真のように両面テープを貼った C を 2 の中心に巻く。巻き始めと巻き終わりが、裏面の中心にくるように貼る。小バッグ用は A と C でフラットなシングルリボンにする。

金属製のヘアクリップに貼る場合は、ヘアクリップ側にグルーガンでグルーを塗っておく。

4 のヘアクリップにつくったリボンを貼る。トートバッグの場合は、リボンのほうにグルーを塗って貼るときれいに仕上がる。

SPRING | **SUMMER** | AUTUMN | WINTER |

夏祭り の　　浴衣飾り

for Summer festival

リボンテープを
くるくる巻くだけの手軽さなのに
浴衣姿に特別感をもたらしてくれる和モダンなアクセサリー。
とっても簡単で新鮮な手づくりリボンです。

リボン考案講師：井原あゆみ

Comment

小学5年の子どもに色を選んで
もらいつくったら「お花みたい」
と好評！　ヘアアクセにすると、
簡単なまとめ髪でも、これを飾
るだけでかわいくなるので重宝
しています。

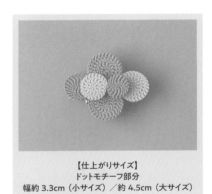

【仕上がりサイズ】
ドットモチーフ部分
幅約 3.3cm（小サイズ）／約 4.5cm（大サイズ）

＜準備した材料（大サイズ）＞

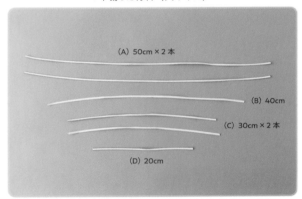

（A）50cm×2 本
（B）40cm
（C）30cm×2 本
（D）20cm

道具

- □ はさみ
- □ 両面テープ
- □ グルーガン

材料

〈大サイズ〉
- □ 4〜6mm 幅のペタシャムリボン
  長さ 50cm を 2 本（A）、40cm を 1 本（B）、30cm を 2 本（C）、20cm を 1 本（D）

〈小サイズ〉
- □ 4〜6mm 幅のペタシャムリボン
  長さ 30cm を 2 本（A）、20cm を 1 本（B）、15cm を 2 本（C）、10cm を 1 本（D）

□ 帯留めやかんざしなど好みの土台

1 すべてのリボンの片面に、3mm 幅の両面テープを貼る（材料写真参照）。両面テープの剥離紙をはがし、1 本ずつ端からくるくる巻いていく。このとき、中心に穴が開かないようにキツく巻く。

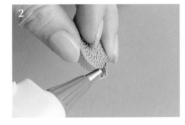

2 工程 1 の巻き終わりには、少量のグルーをつけて、巻いたリボンがほどけないように固定する。A〜D の 6 本すべて同様にし、6 つのドットをつくる。

3 いちばんサイズの大きい A のドット 2 つをくっつける。巻き終わりが内側にくるようにして突き合わせ、グルーガンで接着する。

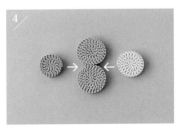

4 3 でくっつけた 2 つのドットのくびれ部分に合わせて、巻き終わりが内側にくるようにして右側に B を、左側に C の 1 個をグルーガンで貼る。

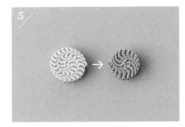

5 もう 1 個の C と D のドットを、巻き終わりが内側にくるようにして、グルーガンで貼り合わせる。

6 5 でつくったものを、4 の上に重ねて、グルーガンで貼りつける。重ねる位置は、4 のまん中にできたすき間が隠れる場所に。

7 6 をひっくり返して、裏面に帯留金具などをグルーガンで接着する。6 のパーツをダブルリボン（P9 参照）の中心に貼りつけてもかわいい。

ダンス
公演
の

for Dance
recital

ボリュームリボンアクセ

衣装もダンスステージの完成度を高める大きな要素。
だからこそ、いちばん似合うリボンアクセを手づくりで。
3段重ねのいちばん下のリボンを長くすると、
より華やかにアレンジできます。

Comment

子どもが5歳で始めたダンス。
初めての発表会でつくったとき
から「ママのリボンがいい！」
と毎回オーダーしてくれます！
ストリート系の衣装にも合うか
わいさがポイントです。

< 準備した材料 >

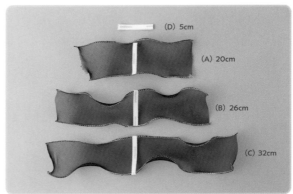

(D) 5cm

(A) 20cm

(B) 26cm

(C) 32cm

【仕上がりサイズ】リボン部分　幅約 14cm

道具
- □ はさみ
- □ 両面テープ
- □ リボン用糸
- □ グルーガン

材料
- □ 60mm 幅のオーガンジーリボン
  長さ 20cm を 1本(A)、26cm を 1本(B)、32cm を 1本(C) ※足長バージョンの場合は、(C)を 65cm に変更。
- □ 9mm 幅のグログランリボン　長さ 5cm を 1本(D)
- □ ヘアゴム

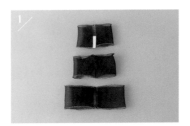

1

材料写真のように ABC それぞれ中央に両面テープを貼り、両端を中心で突き合わせるように折って貼りつける。A のみ中心の下半分に両面テープを貼る。

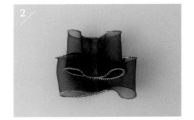

2

A の両面テープの剥離紙をはがし、B の表面の上に A を重ねて貼る。写真のように、B の下半分があくようにずらして重ねる。

3

2 のリボンを中心でランダムに蛇腹折りにし、リボン用糸を巻きつけて固定する。

4

C も中心をくしゅくしゅと蛇腹折りにし、リボン用糸を巻いて固定する。

5

3 と 4 は重ねず、3 の下に 4 がくるようにし、リボン用糸を巻いた中心部分を縦にくっつけて合体させる。

6

合体させた 5 の状態で、再度リボン用糸を中心に巻いて固定する。

7

6 のリボンの裏面の中心（リボン用糸を巻いた部分）に米粒程度のグルーをグルーガンで塗り、ヘアゴムを貼りつける。

8

D の片面に貼った（材料写真参照）両面テープの剥離紙をはがし、リボンの中心に巻く。巻き終わりはグルーガンで接着する。

ハロウィーンの

ねこ耳カチューシャ & ヘアクリップ

大人も子どもも楽しめるプチコスチュームにぴったり。子どもの
サイズに合ったカチューシャでつくれるのも、うれしいポイント。

for Halloween

リボン考案講師：磯野絢子

＜準備した材料＞

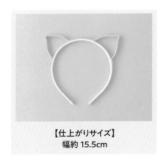

【仕上がりサイズ】
幅約 15.5cm

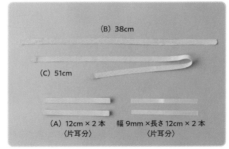

(B) 38cm

(C) 51cm

(A) 12cm×2本
〈片耳分〉

幅 9mm×長さ 12cm×2本
〈片耳分〉

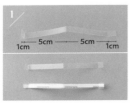

1

←1cm→←5cm→←5cm→←1cm→

クリアファイルの背の折れ線が中心にくる
ように、材料どおりの長さにカット。両端
から1cm のところで折る。両面テープで
クリアファイル2枚を貼り合わせる。

道具

□ はさみ
□ 両面テープ

材料

□ 9mm 幅のグログランリボン
　長さ 12cm を 4 本（A）、約 38cm を 1 本（B）、約 51cm を 1 本（C）
□ クリアファイル
　幅 9mm×長さ 12cm にカットしたものを 4 枚
□ 市販の 9mm 幅のカチューシャ
※ B と C はカチューシャのサイズによって変動

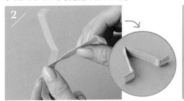

2

A の片面に両面テープを貼り、1 の外側
に貼る。もう1本の A で内側も貼る。両
端の折った部分に両面テープを貼る。1
と 2 を繰り返し同じものをもう1個つくる。

3

カチューシャ本体に両面テープを
貼る。その上に B を端から貼りつ
けていき、カチューシャの表面を
おおう。

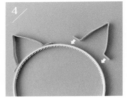

4

2 のねこ耳の足の両面テープの剥
離紙をはがし、3 にバランスよく
貼る。このときねこ耳の幅が同じ
になるように、足の開きを調整し
ながら貼る。

5

カチューシャと耳を合わせた 4 の
表面に両面テープを貼り、C でお
おう。C の両端はカチューシャの
内側に巻き込んで両面テープで貼
りつける。

【仕上がりサイズ】
片耳分　幅約 5cm

道具

□ はさみ
□ 両面テープ
□ グルーガン

材料

〈片耳分〉
□ 9mm 幅のグログランリボン
　長さ 10cm を 2 本（D）、約 5cm を 1 本（E）、約 12cm を 1 本（F）
□ クリアファイル
　幅 9mm×長さ 10cm にカットしたものを 2 枚
□ 市販のヘアクリップ
※ E と F はヘアクリップのサイズによって変動

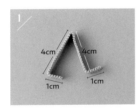

1

4cm　4cm

1cm　1cm

上のカチューシャの工程 1 と 2 と同
じ要領で、クリアファイルと D でね
こ耳をつくる。両端の折る向きは、
写真のように同一方向に。

2

土台となるヘアクリップの表側に、
両面テープを貼っておいた E を貼り
つける。

3

グルーガンを使って 1 を 2 に貼りつ
ける。1 で折り曲げた両端が接地す
る部分にグルーを塗る。

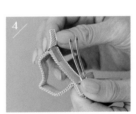

4

片側全体に両面テープを貼った F
を、3 の表面をおおうようにぐるりと
巻きつける。

音楽
発表会
の

エレガント
リボンヘアゴム

学校の音楽発表会のような、かしこまった雰囲気だけど
特別感もほしい日に。揺れるリボンの髪飾りで、簡単にかわいく装えます。

リボン考案講師：大貫愛子

<準備した材料（小サイズ）>

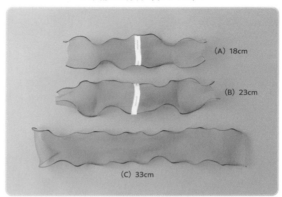

(A) 18cm

(B) 23cm

(C) 33cm

【仕上がりサイズ】
リボン部分
幅約 10cm（小サイズ）／約 15cm（大サイズ）

道具

☐ はさみ
☐ リボン用糸
☐ グルーガン

材料

〈小サイズ〉
☐ 60mm 幅のオーガンジーリボン
　　長さ18cm を1本(A)、23cm を1本(B)
　　33cm を1本(C)
☐ ヘアゴム

〈大サイズ〉
☐ 60mm 幅のオーガンジーリボン
　　長さ25cm を1本(A)、30cm を1本(B)
　　40cm を1本(C)
☐ ヘアゴム

1

AとBを使ってダブルリボンをつくる（P9参照）。本体の中心にリボン用糸を巻いた、写真の状態まで仕上げる。

2

1のリボン本体の裏側の中心にヘアゴムをつけて、リボン用糸でリボン本体とヘアゴムを一緒に巻いて固定する。

3

Cでリボンの中心をおおうようにし、裏側で1回結ぶ。このとき左右のCの長さができるだけそろうように。Cの両端が下にたれるように、形を整える。

4

センターリボンの下から本体に巻いてあるリボン用糸が透けないように、リボンを中心に寄せて調整する。

5

センターリボンがほどけないよう、裏側にあるCの結び目をグルーガンで固定する。結び目の内側にグルーを少量流し込むようにする。

for Christmas

クリスマスの リボンリース

パーティーの前日でもつくれるくらい
簡単なリボンリース。
かわいいだけじゃなく、ドライフラワーなどを使った
ものより、保管もラクというメリットも！

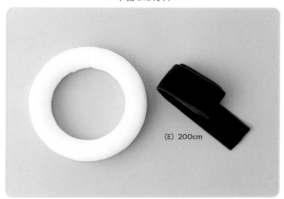

< 準備した材料 >

(E) 200cm

【仕上がりサイズ】
リボン部分　幅約14cm

道具

- □ はさみ
- □ 両面テープ
- □ まち針（短め）

材料

- □ 36mm 幅のベロアリボン
  　長さ 24cm を 1本(A)、28cm を 1本(B)、40cm を 1本(C)、8cm を 1本(D)、200cm を 1本(E)
- □ リース型発泡スチロール（直径 14cm、厚さ 3cm のもの）
- □ ゴムひも

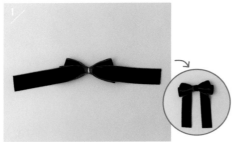

1
ABCD を使い、足つきダブルリボンをつくる（P9 と P20 を参照）。A が本体上、B が本体下、C が足、D がセンター用になる。

2
E の端に両面テープを貼り、リース台の裏面にななめに角度をつけて貼りつける。

3
ななめの角度のまま、リース台に E をぐるぐると巻きつけていく。土台が見えないように、リボンを少し重ねながら巻くのがコツ。

4
巻き終わりは、E の端を少し内側に折り返して、リースの裏面でまち針を刺して固定。

5
巻き終わり部分に、輪っかにしたゴムひもを、まち針で刺してとりつける。まち針はななめに刺し、リース台から出ないように。

6
ゴムひもがあるほうを上にし、１のリボンを両面テープかグルーガンで貼る。リースの表面にパールまち針を刺してもかわいい。

リボンだから簡単
かわいいネームタグ

入園入学準備に必要なネームタグも、リボンを使えば縫わずにつくれます。
リボンに便利ツールを加えて、簡単＆かわいく名前つけを楽しみましょう♪

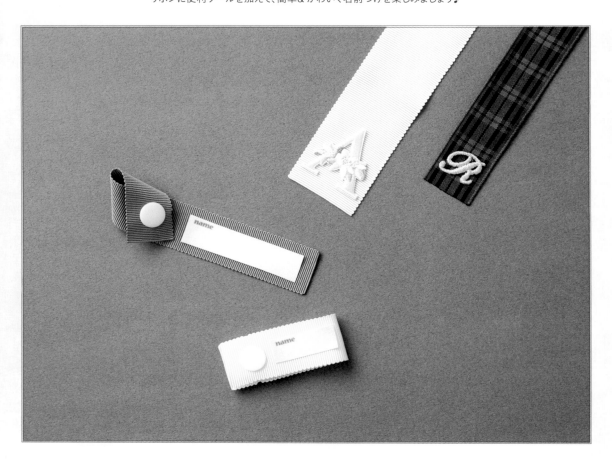

（ 手づくりネームタグの便利ツール ）

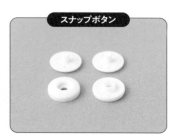

スナップボタン

リボンに小さな穴をあけてはめ込み、スナップ式のタグに。バッグの持ち手にも簡単につけられます。100円ショップなどで購入可能。

お名前シール

直接ペンで書ける布製シール。これをリボンに貼るとかわいさアップ！ スナップボタンと合わせて、とりはずしできるタグにするのも◎。

イニシャルワッペン

イニシャルワッペンをリボンでつくったタグに貼るだけ。名前を書くだけより、もっとかわいくデコレーションできます。

Part5

家族でおそろいができる
リボン小物

お母さんと子ども、子どもとペットなど……。
とっても手軽に家族とおそろいを楽しめるのが
手づくりのいいところ。リボンを使えば
さりげなくてかわいいリンクファッションに♡

for
mom *and*
daughter

存在感があるのに上品

ワイドリボンの
シンプルヘアアクセ

大人がつけるときれいに、
子どもだと可憐に見える。
そんな万能な華やかさを
もつのがこのワイドリボン。
フリルのようなリボンの
重なりもすてきです。

リボン考案講師：児玉亜沙美

< 準備した材料（大サイズ）>

【仕上がりサイズ】
リボン部分
幅約 12cm（大サイズ）／約 8cm（小サイズ）

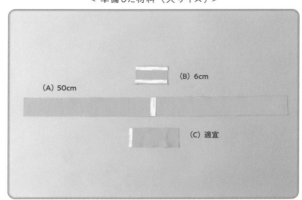

(A) 50cm

(B) 6cm

(C) 適宜

道具

□ はさみ
□ 両面テープ
□ リボン用糸
□ グルーガン

材料

〈大サイズ〉
□ 38mm 幅のグログランリボン
　長さ 50cm を 1 本(A)、6cm を 1 本(B)、
　ヘアアクセに巻く分 適宜(C)
□ ヘアクリップやバレッタなどの装飾のないヘアアクセ

〈小サイズ〉
□ 25mm 幅のグログランリボン
　長さ 33cm を 1 本(A)、4cm を 1 本(B)、
　ヘアアクセに巻く分 適宜(C)
□ ヘアクリップやバレッタなどの装飾のないヘアアクセ

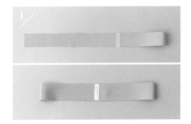

1/ 材料写真のように A の中心に貼った両面テープの剥離紙をはがす。両端を中心で突き合わせるように折って貼る。突き合わせてできた線を隠すように、再度 A の中心に両面テープを貼る。

2/ 工程 1 で最後に貼った両面テープの剥離紙をはがしてから、A の中心を折って表に山を 2 個つくる。中心にリボン用糸を巻いて固定する。

3/ A のリボンを裏返し、グルーガンで右上の角を中央に貼りつける。逆サイドも同様におこない、写真下の状態にする。

4/ A を表に返す。上から 2 枚目にあたるリボンを下に引き出し、表から見たときに 3 段フリルのような形に整える。

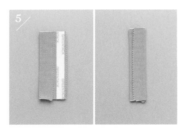

5/ B でセンターリボンをつくる。材料写真のように両サイドに貼った両面テープの剥離紙をはがし、縦長の三つ折りにする。

6/ B のセンターリボンの裏側（折ったときの端の重なりが見えてない面）に両面テープを貼り、A の本体リボンの中心に巻きつける。

7/ 写真のようにヘアクリップの持ち手部分をおおえる長さで C を用意する。

8/ 材料写真のように C の左端に両面テープを貼り、右端は反対面に貼っておく。C の片側をヘアクリップに貼った状態で、C を 1 回ひねって逆端をヘアクリップの反対面に貼る。

9/ ヘアクリップのリボンをのせたい部分にグルーガンでグルーを塗り、6 を貼りつける。同じリボンをもう 1 個つくり、クリップの反対面も飾る。

for
mom *and*
daughter

手持ちの小物におそろい感をプラス

フェルトリボンの
あったか冬小物

リボンと小物の素材が違っても、起毛感が似ているから合わせやすい。
親子で別のアイテムにリボンをつけても、リンクした雰囲気が楽しめます。

リボン考案講師：加藤佳代

【仕上がりサイズ】
リボン部分
幅約 8cm（小サイズ）／約 11cm（大サイズ）

< 準備した材料（小サイズ）>

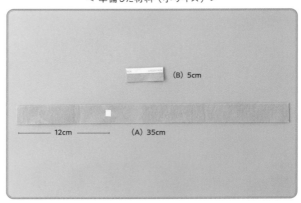

(B) 5cm

12cm　　(A) 35cm

道具

☐ はさみ
☐ 両面テープ
☐ リボン用糸
☐ グルーガン

材料

〈小サイズ〉
☐ 25mm 幅のフェルトリボン　長さ 35cm を1本(A)
　　20mm 幅のフェルトリボン　長さ 5cm を1本(B)

〈大サイズ〉
☐ 36 ～ 38mm 幅のフェルトリボン　長さ 49cm を1本(A)
　　20mm 幅のフェルトリボン　長さ 6cm を1本(B)

8cm

A 左端から 12cm の位置に両面テープを貼る（材料写真参照）。左端から 8cm の位置で折って貼る。先端はななめ下向きに。大サイズは、16cm の位置に両面テープを貼り、11cm の位置で折る。

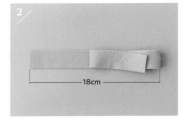

18cm

A の右側を右端から 18cm の位置で後ろに折り返して、写真の状態にする。大サイズの場合は、右端から 25cm の位置で折る。

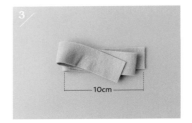

10cm

2 の状態でいちばん下側のリボンを左端から 10cm のところで後ろ側に折り返す。この折り返したリボンは、少しだけ右ななめ上にずらす。大サイズの場合は、左端から 12cm の位置で折る。

リボンの中心を、谷折り→山折り→谷折りの順で、まん中に山が1個できるような蛇腹折りにする。

リボンの中心をリボン用糸で巻いて、折り目を固定する。左右のリボンの羽根の重なりを上下に開いて形を整える。

いちばん後ろ側のリボンの端をはさみでななめにカットして、飛び出し具合を調整する。

B の半分に両面テープを貼る（材料写真参照）。端を少しずらした縦長の二つ折りにし、センターリボンをつくる。

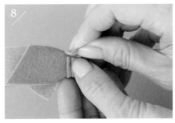

7 の裏に両面テープを貼り、6 の中心にぐるりと巻いて貼りつける。巻き終わりがリボンの裏にくるようにし、長い場合はカットする。

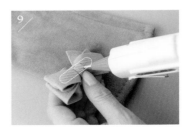

できあがったリボンをグルーガンを使って、手袋やマフラーに接着する。

for
mom and
daughter

流線的なリボンがおしゃれ

くるりん
リボンブローチ

親子でおめかしする日には
揺れる足がエレガントなリボンブローチを。
適度なハリと厚さのあるグログランや
ベロア素材のリボンでつくると
形がきれいに出やすいです。

リボン考案講師：谷中智香子

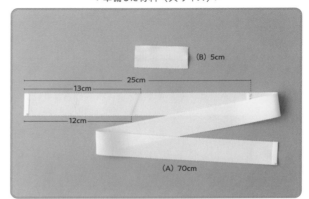

< 準備した材料（大サイズ） >

（B）5cm

25cm

13cm

12cm

（A）70cm

【仕上がりサイズ】
リボン部分
幅約 9cm（大サイズ）／約 8cm（小サイズ）

道具

☐ はさみ　　☐ 両面テープ
☐ リボン用糸　☐ グルーガン

材料

〈大サイズ〉
☐ 25mm 幅のリボン
　 長さ 70cm を 1本（A）、5cm を 1本（B）
☐ ブローチピン　1個

〈小サイズ〉
☐ 15～18mm 幅のリボン
　 長さ 53cm を 1本（A）、4.5cm を 1本（B）
☐ ブローチピン　1個

1

A 左端から 13cm の位置の上部と、12cm の位置の下部に印をつけ（小サイズは 9.5cm と 8.5cm の位置）、2点を結ぶ線を描く。左端に両面テープを貼る。反対面に返し、左端を下からくぐらせて線の上に貼る。

前から見ると

後ろから見ると

2

材料写真のように A の左端から 25cm の位置（小サイズは 18cm の位置）に貼った両面テープの剥離紙をはがし、リボンの右側を上から裏面に渡して、工程 1 で貼った左端の線に重ねて貼る。

前から見ると

後ろから見ると

3

リボン形の中央を、山折り→谷折り→山折りと表側に山が 2 個の蛇腹に折る。そこにリボン用糸を巻きつけて折り目を固定する。

4

A の右端に貼った両面テープ（材料写真参照）の剥離紙をはがし、リボンの裏側から中心（糸を巻いた部分）を包むように貼る。

5

3 のリボンを中心とし、左右のループの長さが同じになる中間地点に印をつける。そこを 3 と同じ蛇腹に折り、リボン用糸を巻く。これを上のリボン裏の中心につけて、リボン用糸を巻いて合体させる。

6

B でセンターリボンをつくる。縦に二つ折りにして両面テープで貼り合わせる。このとき、長辺の端はそろえず少しずらす。センターリボンの裏側には両面テープを貼る。

7

B を 5 の中央に巻いて貼る。裏返し、センターリボン横から出ているいちばん上のリボン（足となるループ）を内側に三角に折り、折り目をグルーガンで固定する。

8

最後にブローチピンにグルーを塗り、リボン裏の中心に貼りつける。

for
mom and
daughter

ちょっぴり大人な母娘のおそろい

リボンフリルの
ジュートバッグ

ひねりをきかせたリボンを3つ連ねて
仕上げたジュートバッグ。
小学校高学年や中学生のコも使えて、
ママがひとりで持ってもすてきな
リュクスなデザインです。

リボン考案講師：那須咲季

< 準備した材料 >

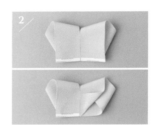

(C) 6cm

(A) 30cm

(B) 32cm

【仕上がりサイズ】
リボン部分　幅約 11.5cm

道具
- □ はさみ
- □ 両面テープ
- □ リボン用糸
- □ グルーガン

材料
- □ 38 〜 40mm 幅のグログランリボン
  長さ30cmを1本(A)、32cmを1本(B)、6cmを1本(C)、バッグハンドルを巻ける長さ　適宜
- □ ジュートバッグ
- ※ A 〜 C まででリボンモチーフ 1 個分

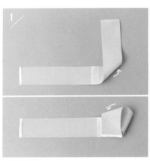

1 Aの中央と両端に両面テープを貼る（材料写真参照）。中央の両面テープの剥離紙をはがし、リボン右端を持ち上げる（写真上）。そのまま右端を手前に倒し、中央のテープの右半分にリボンがかかるように右端を下辺に合わせる（写真下）。

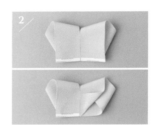

2 1と同じことを左側でもおこない、写真上の状態に。端の両面テープの剥離紙をはがし、三角に折り上げる。反対側も同様に。

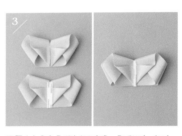

3 工程1と2をBでもおこなう。Bでつくったパーツの中央に両面テープを貼る（写真左）。その上にAのパーツを重ねて貼ったら、Aの中央に両面テープを貼る（写真右）。

4 両面テープの剥離紙をはがした状態で、3のリボンの中央を表側に山が2個できる蛇腹折りにする。そこにリボン用糸を巻いて固定する。

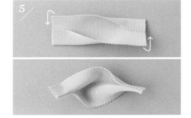

5 Cでセンターリボンをつくる。材料写真のように対角の端に両面テープを貼る。反対面も互い違いで角に両面テープを貼る。両端をZ字形に折って貼り合わせる。

6 5の両端に両面テープを貼り（写真上）、4の中央に巻いて、両端をリボン裏側で貼り合わせる。1〜6までの工程を繰り返し、全部で3個のリボンパーツをつくる。

7 バッグの持ち手にリボンを巻きつける。巻き始めと巻き終わりは、両面テープを貼ってとめる。強度を上げたい場合はグルーガンで接着する。

リボンパーツの裏面にグルーを塗り、バッグの前面に貼りつける。リボンをななめにし、3個連なるように配置する。

for
mom *and*
daughter

配色しだいで甘くも、ビターにもなる

編み込みハートの
ぱっちんピン

ぱちんと髪につけるだけで
かわいいぺたんこハート。
ママ用にはシックな色を、
子どもにはパステルをと、配色で
ガラッと印象を変えられます。

リボン考案講師：藤坂彩

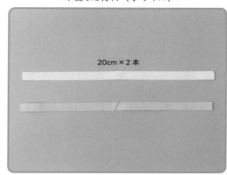

〈準備した材料（小サイズ）〉

20cm×2本

【仕上がりサイズ】
ハート部分
幅約 4cm（小サイズ）／約 6.5cm（大サイズ）

道具

□ はさみ
□ 両面テープ
□ グルーガン

材料

〈小サイズ〉
□ 9〜10mm 幅のグログランリボン
　長さ 20cm を 1本×2 色
□ ぱっちんピン　1個

〈大サイズ〉
□ 15mm 幅のグログランリボン
　長さ 29cm を 1本×2 色
□ ぱっちんピン　1個

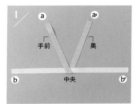

1. 用意した 2 本のリボンを上の写真と同じ形におく。1 本を横軸にし、その中央に V の字になるようにもう 1 本をかける。

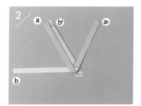

2. ⓑのリボンを後ろに折って、ⓐのリボンの右横に並べる。

3. ⓐのリボンを後ろに折って、ⓑのリボンの上に並べる。このときⓐのリボンとの重なりを反対にし、ⓐを上にする。

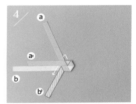

4. ⓑのリボンを後ろに折って、ⓑのリボンとの重なりだけ反対にし、ⓑを上にする。

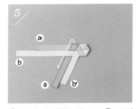

5. ⓐのリボンを手前に折って、ⓑのリボンの左横に並べる、このときⓑのリボンとの重なりを反対にし、ⓑを上にする。

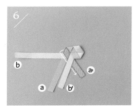

6. ⓐのリボンを手前に折る。ⓑのリボンとの重なりは反対にし、ⓑが上にくる。

7. ⓑのリボンを後ろに折って、ⓐのリボンの左横に並べる。ⓑとの重なりを反対にし、ⓑを上にする。

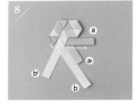

8. ⓐのリボンを後ろに折る。ⓐのリボンとの重なりを反対にし、ⓐを上にする。

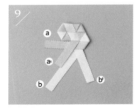

9. 表裏をひっくり返し、写真の状態にする。

10. ⓑを右ななめ上に向かって折る。

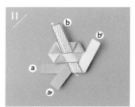

11. ⓑをまん中のリボン下を通して折る。

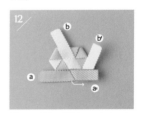

12. ⓐを右に折り、両面テープでとめる。

13. ⓐを上方向に折り、両面テープでとめる。

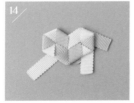

14. 全体を表に返して、ハート形からはみ出ているリボンをカットし、ほつれ止めをする。

15. 裏側にあるリボンの端をグルーガンで固定する。

16. ぱっちんピンにグルーを塗り、ハートリボンを貼りつける。

for
kids and dog

愛犬とさりげなくペアルック

花柄リボンチョーカー
& ブレスレット

ペットのワンちゃんと一緒に
お出かけする日は、おそろいのリボンを
つけておしゃれを♪
チョーカーのひもの長さを変えれば
子どものブレスレットにもできます。

Comment

犬を7匹飼っていて、それぞ
れのサイズに合わせて、犬同
士のおそろいを楽しんでます。
自分用のブレスレットもつけ
て、ドッグランに行くと、周り
の方々からも好評です。

【仕上がりサイズ】
リボン部分　幅約5cm

リボン考案講師：金田真紀子

< 準備した材料 >

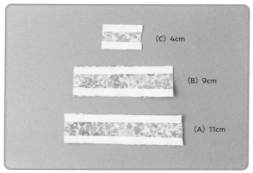

(C) 4cm
(B) 9cm
(A) 11cm

道具

- □ はさみ
- □ 両面テープ
- □ グルーガン
- □ 平ヤットコ　2本

材料

- □ 3cm 幅にカットした布　長さ11cm を1本(A)、9cm を1本(B)
- □ 2.5cm 幅にカットした布　長さ4cm を1本(C)
- □ フェイクレザーリボン　長さは着用箇所に合わせて適宜
- □ リボン留め金具　2個
- □ 丸カン　2個
- □ ニコイル　1個
- □ カニカン　1個

1

ABCそれぞれ裏面の上下の長辺に両面テープを貼り（材料写真参照）、三つ折りにして貼り合わせる。AとBは幅がそろうように折る。

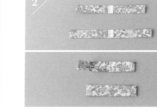

2

AとBの裏面の中心に写真上のように両面テープを貼る。剥離紙をはがして、それぞれ両端を中心で突き合わせるように折って貼る。

3

Aをひっくり返して表に向け、その中心に両面テープを貼る。

4

3で貼った両面テープの剥離紙をはがして、その上にBを貼る。フラットなダブルリボンの本体をつくる。

5

平ヤットコを使い丸カンを広げ、リボン留めとカニカンを通す。再度、平ヤットコで丸カンを閉じ、写真下のパーツをつくる。

6

5をペットの首や子どもの手首のサイズにカットしたフェイクレザーリボンの両端にとりつける。リボン留めの金具も平ヤットコで閉じる。

7

三つ折りにしたCの裏側全面に両面テープを貼り、4のリボンの中心に十字に貼る。そのまま首輪の中心にリボンを配置し、Cを巻きつける。

8

首輪の内側でCを貼り合わせるときに、両面テープの上からグルーガンで接着して強度を高める。

※リボンチョーカーはアクセサリーで、散歩用の首輪ではありません。

for
owner
and dog

お 散 歩 へ の ワ ク ワ ク 度 が 高 ま る
ロゴ入りお散歩バッグ
＆ ドッグウエア

既製品のウエアにリボンをつけるだけの簡単さでも、おそろいのリボンを
使ったバッグまであれば、特別感あるおしゃれをしたように見えます！

Comment

愛犬の名前入りバッグを持ち、
リボンつきウエアを着せてお散
歩へ。リンクコーデでの散歩が
子どもにとっての楽しみみたい。
そんな子どもを眺めるのが母の
わたしにとっても幸せ。

リボン考案：山口路子

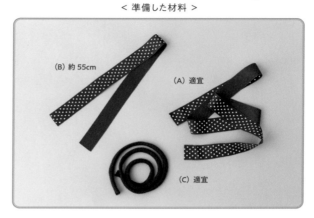

< 準備した材料 >

(B) 約 55cm

(A) 適宜

(C) 適宜

【仕上がりサイズ】
リボン部分　幅約 10cm

道具

- □ はさみ
- □ 両面テープ
- □ グルーガン

材料

- □ 25mm 幅のリボン　バッグハンドルに巻きつけられる長さを 1 本（A）、約 55cm を 1 本（B）
- □ コットンコード（丸ひも）　つくりたい文字に合わせた長さを 1 本（C）
- □ トートバッグ

A の端を両面テープでバッグの持ち手の裏側の根元に貼る。リボンを少しだけななめ上に引っぱりながら、持ち手に巻きつける。

巻き終わりは端を内側に折り返し、そこに両面テープを貼る。さらに両面テープの上からグルーガンで接着すると強度が高まる。

B を持ち手の根元にぐるりと回して、表側でちょう結びリボンをつくる。

C の片面に両面テープを貼る。テープの幅が太い場合は、コードからはみ出さない細さにカットしてから貼る。

両面テープの剥離紙をはがして、C で好きな文字を形どりながらバッグの前面に貼っていく。

C を貼り終えたら、端だけ少しはがしてグルーガンでグルーを塗って再度バッグに貼る。こうすることではがれにくくなる。

バッグの持ち手に巻いたのと同じリボン素材を使い、シングルリボン（P7参照）をつくる。グルーガンを使ってドッグウエアに貼る。

for
kids *and* cat

ぷっくり感が愛らしい
ねこ耳モチーフ

三角リボンの
首輪 & ヘアゴム

ねこ耳を模した三角パーツを使った
リボンを、首輪とヘアゴムにアレンジして
ねこと人もおそろいを楽しんで。
リボンの色を変えたら、男のコ向けの
ちょうネクタイにもなります。

リボン考案講師：畔栁温子

＜準備した材料＞

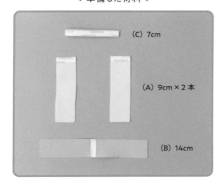

(C) 7cm

(A) 9cm×2本

(B) 14cm

道具

- □ はさみ
- □ 両面テープ
- □ リボン用糸
- □ グルーガン

材料

〈大サイズ〉

- □ 25mm 幅のグログランリボン
  長さ9cmを2本(A)、14cmを1本(B)
- □ 9mm 幅のベロアリボン
  長さ7cmを1本(C)
- □ 9mm 幅程度の細リボン
  ペットのサイズに合わせて適宜
- □ 首輪用バックル1セット

〈小サイズ〉

- □ 15～20mm 幅のグログランリボン
  長さ6cmを2本(A)、11cmを1本(B)
- □ 9mm 幅のグログランリボン
  長さ7cmを1本(C)
- □ ヘアゴム

【仕上がりサイズ】

リボン部分　幅約7cm（大サイズ）／約5.5cm（小サイズ）

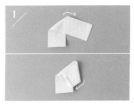

1 Aを1本使ってリボンの右パーツをつくる。両面テープを貼ったほうの端を、右下に向かって折る。先端をひっくり返し、写真下の状態にする。

2 Aの片端に貼ってある両面テープの剥離紙をはがして、両端を写真のように貼り合わせる。

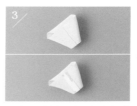

3 形がふっくらした三角になるように整えたら、2で両端を貼り合わせた部分の上に、両面テープを貼る。

表から見ると

4 もう1本のAで左のパーツをつくる。工程1と同じ要領で反対向きに折る。両面テープを貼ったほうの端を上から左下へ折ったら、先端をひっくり返す。

5 2と同様に左のパーツも貼り合わせる。両面テープの剥離紙をはがして、両端を貼り合わせる。

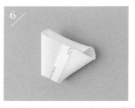

6 3と同様に左パーツも三角の形を整える。Aの両端を貼り合わせた部分に、上から両面テープを貼る。

表から見ると

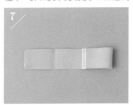

7 材料写真のようにBの中心に両面テープを貼る。リボンの両端を中心で突き合わせて、テープに貼る。

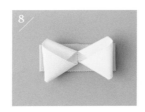

8 7をひっくり返し、その上に3と6のパーツの両面テープの剥離紙をはがし、写真のように貼りつける。

9 ペットの首輪サイズにカットしたリボンを、横から三角パーツの空間に通す。

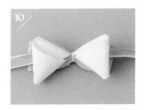

10 首輪用リボンのまん中と、リボンモチーフの中心をそろえる。その状態で中心を表面に山が2個の蛇腹折りにし、リボン用糸で巻いてとめる。

11 片面に両面テープを貼ったCを、10の中心に二重に巻いて貼る。ヘアゴムの場合は、Cを巻く前に合体させてリボン用糸を巻く。

12 首輪用リボンの両端に、市販のバックルをとりつける。バックルの輪にリボンを通して両面テープかグルーガンで貼り合わせる。

余ったリボンのかわいい活用術

手づくりリボンに挑戦したら出てきてしまう、わずかなリボンの残り。
それも、アイデアしだいでエコでかわいいプチグッズに進化させられます！

Book marker

10cm あればできる
ブックマーカー

リボンの幅がある程度あれば、台紙を挟んで
板状のブックマーカーに。細リボンなら、
端から5cm程度のところで1回片結びをして
シンプルなひもタイプにしてもかわいいです。

< 用意するもの >

□ 余ったリボン
□ 厚紙
（牛乳パック可）
□ 両面テープ

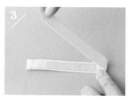

1. リボンより幅は数mm細く、長さは半分より短いサイズで厚紙を切る。厚紙の全面に両面テープを貼る。
2. リボンに厚紙を貼る。数mm余白を出した端を内側に折る。　3. 厚紙を挟むように反対面にもリボンを貼る。

Covered button

5cm あればできる

くるみボタン

幅広めのリボンと、100円ショップなどで買える
キットを使って、オリジナルのくるみボタンに。
服につけても、ヘアゴムを通してアクセサリーに
してもいいくらい、簡単できれいに仕上がります。

< 用意するもの >

□ 余ったリボン
□ くるみボタンキット（足つき）
□ 中綿（固綿シートなど）

1. くるみボタンの台座に合わせて中綿をまるく切る。購入したキットに記載のある手順で包み、ボタンをつくる。
2. 好みのワッペンなどで飾る。　3. くるみボタンの裏にヘアゴムを通して先端を結ぶ。

Ribbon instructors

本書に参加した講師の情報をご紹介します。全国にいるM-StyleLuxe の認定講師たちが
運営するリボン教室では、ハンドメイドリボンのさまざまなレッスンが受講可能です。

instructor info	作品掲載ページ リボン教室名（エリア） 講師名 SNS アカウント

p11
atelier a.（東京）
磯野絢子
Instagram @atelier_a_aya

p22
ribbon papillon（愛知）
草野裕子
Instagram @ribbon_papillon

p16
Jewel Fleur（愛知）
大貫愛子
Instagram @jewel_fleur

p25
La Palpitation（千葉）
船橋芳佳
Instagram @la_palpitation

p52
chamyu（大阪）
児玉亜沙美
Instagram @chamyu_ribbon

p28
favorite（愛知）
村上奈津子
Instagram @favorite1604

p54
maison de fleur（岐阜）
加藤佳代
Instagram @kayo3722

p30
Ruban de Perles（愛知）
石川澄子
Instagram @ruban_de_perles

p56
sweet garden（兵庫）
谷中智香子
Instagram @ribbonsweetgarden

p32
caco mimi acce（愛知）
堀内加世子
Instagram @caco.mimi.acce

p58
Clancherry（大阪）
那須咲季
Instagram @saki.clancherry

p36
Leilani（愛知）
柴田多恵子
Instagram @leilani_82

p60
Lune Ruban（京都）
藤坂彩
Instagram @luneruban

p10
newme（千葉）
井原あゆみ
Instagram @info.newme

p62
Blanche Neige（京都）
金田真紀子
Instagram @blanche.neige.maki

p12
Le vent et coeur（愛知）
小野木久美
Instagram @le_vent_et_coeur____

p66
Studio Devotion（愛知）
畔栁温子
Instagram @studiodevotion

おわりに

縫わずに簡単に自分好みのリボン飾りが、
何か1つはできたのではないでしょうか。
「こんなにかわいいリボン雑貨が簡単にできた!」
「靴下にリボンをちょこっとつけてあげたら子どもが大よろこびしてくれた」
そんな不器用ママの声が聞こえてくるようです。

ちょっとしたあき時間や
寝る前の15分のリボンづくりが、
忙しいママの癒やしの時間となればうれしいです。

Profile

山口路子（やまぐちみちこ）

ハンドメイドリボン協会 一般社団法人 M-Style
Luxe 代表理事。2008 年自宅サロンをスター
ト。2014 年に全国初のハンドメイドリボン認定
講座、2016 年「自由に楽しく自分のペースで働
く形を応援したい」という理念のもと、ハンドメ
イドリボン協会一般社団法人 M-StyleLuxe を
設立。リボンレッスンを軸にラッピングリボンデ
ザイン、アパレルブランド監修、コラボ商品販売、
各種講座、講演、百貨店 POP UP 開催など
活動の場を広げる。 著書に『ハンドメイドのリ
ボン BOOK』『アレンジいっぱい！ ハンドメイド
のリボン BOOK』（ともに KADOKAWA）がある。
プライベートでは一児のママ。

■HP https://m-style-ribbon.com/

■Instagram @mstyleluxe

STAFF

装丁・本文デザイン	田辺梨乃
撮影	佐山裕子（主婦の友社）
モデル	吉田理紗、にな
制作アシスタント	山本百合子
構成・文・スタイリング	政年美代子
編集担当	秋谷和香奈（主婦の友社）
撮影協力	UTUWA、AWABEES

< 素材協力>

株式会社サンファッション
手芸のお店 Zaniah　　　https://sunfashion.theshop.jp/

縫わずにつくる 季節のリボン飾り

令和6年1月31日　第1刷発行
令和6年4月10日　第2刷発行

著者　　山口路子
発行者　平野健一
発行所　株式会社主婦の友社
　　　　〒141-0021
　　　　東京都品川区上大崎3-1-1 目黒セントラルスクエア
　　　　電話03-5280-7537（内容・不良品等のお問い合わせ）
　　　　　　　049-259-1236（販売）
印刷所　大日本印刷株式会社

©Michiko Yamaguchi 2023　Printed in Japan　ISBN978-4-07-455700-4

■本のご注文は、お近くの書店または主婦の友社コールセンター（電話0120-916-892）まで。
★お問い合わせ受付時間　月〜金（祝日を除く）10:00 〜16:00
★個人のお客さまからのよくある質問のご案内　https://shufunotomo.co.jp/faq/

Ⓡ〈日本複製権センター委託出版物〉